벌거벗은
임금님의
체온은
36.5도야

글쓴이 윤초록
문예창작을 공부하고, 어린이책을 쓰고 있습니다.
쓴 책으로는 《라면과 함께라면》, 《의좋은 형제는 광합성으로 벼를 키워》, 《성냥팔이 소녀는 이산화 탄소를 일으켜》, 《아기 돼지 삼 형제는 고체로 집을 지어》가 있습니다.

그린이 이형진
그림 그리기를 좋아하는 어린 시절을 거쳐 만화에 푹 빠진 청소년으로 살다가
대학에서 산업 미술을 공부했습니다. 졸업한 다음에는 어린이책에 그림도 그리고 글도 쓰기 시작했습니다.
30년이 지난 아직까지도 책 만들기를 즐기며 살고 있습니다. 《끝지》, 《비단 치마》, 《흥부네 똥개》를 쓰고 그렸고,
〈알고 보니 통합 지식〉 시리즈와 〈코앞의 과학〉 시리즈에 글도 쓰고 그림도 그렸습니다.

과학 품은 명작 동화
벌거벗은 임금님의 체온은 36.5도야

초판 1쇄 발행 2023년 12월 22일
글쓴이 윤초록 | 그린이 이형진
펴낸이 홍석 | 이사 홍성우 | 편집부장 이정은 | 책임편집 조유진 | 편집 정미진 | 디자인 권영은·김영주 | 외주디자인 신영미
마케팅 이송희·김민경 | 관리 최우리·정원경·홍보람·조영행·김지혜
펴낸곳 도서출판 풀빛 | 등록 1979년 3월 6일 제2021-000055호 | 제조국 대한민국 | 사용 연령 6세 이상
주소 서울 강서구 양천로 583, 우림블루나인 비즈니스센터 A동 21층 2110호
전화 02-363-5995(영업) 02-362-8900(편집) | 팩스 070-4275-0445
전자우편 kids@pulbit.co.kr | 홈페이지 www.pulbit.co.kr
블로그 blog.naver.com/pulbitbooks | 인스타그램 instagram.com/pulbitkids

ISBN 979-11-6172-628-1 73400

ⓒ 이형진

*책값은 뒤표지에 표시되어 있습니다. *파본이나 잘못된 책은 구입하신 곳에서 바꿔 드립니다.
*종이에 베이거나 긁히지 않도록 조심하세요. *책 모서리가 날카로우니 던지거나 떨어뜨리지 마세요.

과학 품은 명작 동화

벌거벗은 임금님의 체온은 36.5도야

윤초록 글 | 이형진 그림

풀빛

차례

이 책의 특징 … 6

백설 공주 8

명작 동화가 품은 과학①
왕비의 마법 거울이 정말 있을까? … 18
거울에 따라 다르게 보인다고? … 20

잭과 콩나무 22

명작 동화가 품은 과학②
잭이 타고 올라간 콩나무는 어떤 모습일까? … 32
씨는 어떻게 생겼을까? … 34

사자를 이긴 모기 36

명작 동화가 품은 과학③
사자의 콧잔등은 왜 간지러웠을까? … 46
위험한 곤충, 모기 … 48

벌거벗은 임금님 50

명작 동화가 품은 과학④
사람은 옷을 꼭 입어야 할까? … 60
손톱, 발톱, 털도 피부라고? … 62

해와 바람 64

명작 동화가 품은 과학⑤
나그네는 왜 옷을 여몄다가 벗었을까? … 74
계절에 따라 기온이 달라져 … 76

달을 치즈라고 생각한 늑대 78

명작 동화가 품은 과학⑥
늑대는 왜 달을 치즈로 착각했을까? … 88
달의 모양을 알아보자! … 90

이 책의 특징

〈벌거벗은 임금님의 체온은 36.5도야〉
이렇게 읽어 봐!

명작 동화
우리가 잘 아는 명작 동화가 교과서 속 과학을 품고 있대!

사자를 이긴 모기

잠들었던 사자가 기지개를 켜며 일어났어. 그러자 숲의 모든 동물들이 두려움에 떨었지. 사자는 자신의 강한 힘만 믿고, 다른 동물들을 괴롭히기 일쑤였거든.
"아우, 잘 잤다. 오늘은 또 누굴 괴롭힐까?"

동물들은 요리조리 몸을 숨겼어. 다람쥐는 나무 위로 뛰어올랐고, 새는 하늘 높이 날아올랐지. 사자의 기상 소식을 뒤늦게 안 토끼 가족은 허둥지둥 뛰어다녔어.
"사자 깼어! 숨어, 숨어."
"엄마 아빠, 같이 가요!"

생동감 있는 삽화
우와, 동화책이야, 그림책이야? 그림이 많아서 술술 읽혀!

낮에는 황금 하프를 챙겼지. 그런데 잭이 방심한 걸까? 황금 하프를 가지고 가던 중 그만 하프에서 소리가 나고 말았어.

"응? 이게 무슨 소리야? 누가 내 하프를 훔쳐 갔구나!"

잭은 구름 사이로 빼꼼 얼굴을 내밀었어. 무시무시한 거인이 낮잠을 자고 있었지. 거인 옆에는 보물이 수북이 쌓여 있었어.
잭은 크게 숨을 한 번 들이마시고 보물들을 가지고 땅으로 내려왔어. 그리고 다음 날에는 황금 알을 낳는 닭을. 다다음

다양한 그림
한 권의 책에 다양한 기법의 그림이 담겨 있어. 명작 동화를 더 풍성하게 즐겨 봐!

그림으로 배우는 과학

각 명작 동화가 품고 있는 가장 중요한 과학 내용을 질문과 답으로 정리해 놓았어.

핵심만 쏙 뽑아서 머릿속에 쏙쏙! 잘 모르는 단어는 꼼꼼하게 설명되어 있어.

한걸음 더 과학

더 폭넓게 배워 볼까? 앞에서 만난 것보다 한발짝 더 나간 과학 내용을 알아보자.

밑줄 쫙!
핵심 요약!
이것만은 꼭 알아 둬!

백설 공주

아주 먼 옛날, 어느 먼 나라에 귀엽고 사랑스러운 공주가 태어났어. 공주는 눈처럼 새하얀 피부에 사과처럼 볼이 발그레하고, 윤기 나는 검은 머리카락을 갖고 있었어. 왕과 왕비는 하얀 눈이라는 뜻을 담아 '백설'이라 불렀지.

기쁨도 잠시, 왕비는 백설 공주가 태어난 지 얼마 되지 않아 세상을 떠났어. 왕은 새 왕비를 맞았어. 새 왕비는 외모가 무척 아름다웠지만, 마음씨는 그렇지 않았지.

"거울아, 거울아. 세상에서 누가 가장 예쁘니? 당연히 또 나라고 하겠지만······."

새 왕비가 마법 거울에게 물었어. 언제나 마법 거울은 세상에서 가장 예쁜 사람으로 왕비를 꼽았지.

가장 예쁜 사람은···

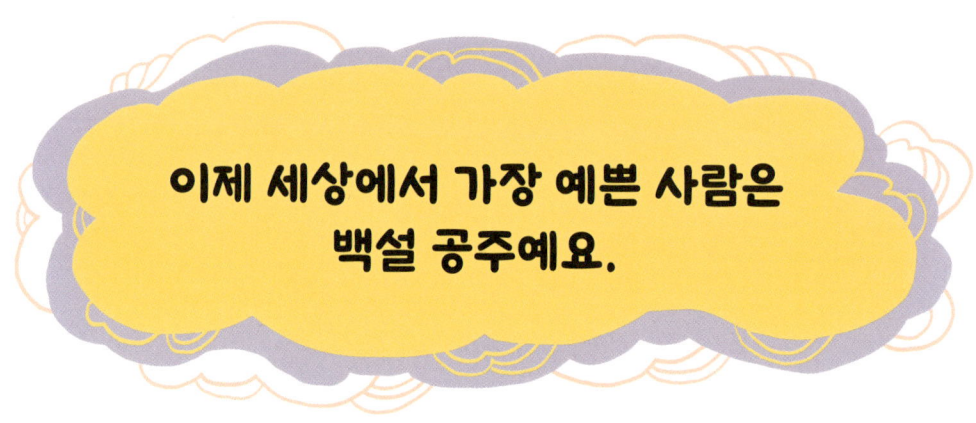

이제 세상에서 가장 예쁜 사람은
백설 공주예요.

그런데 이게 무슨 일이야? 마법 거울은 처음으로 다른 대답을 했어. 왜냐고? 백설 공주가 어엿한 소녀로 자라 그 누구보다 아름다운 외모를 갖게 되었거든.

"뭐라고? 당장 내 앞에 사냥꾼을 데려와라!"

질투에 눈이 먼 새 왕비는 사냥꾼에게 백설 공주를 숲으로 데려가 없애라고 명령했어.

사냥꾼은 백설 공주를 숲으로 데려갔어. 하지만 차마 백설 공주를 죽일 수 없었지.

"공주님, 얼른 도망가세요! 얼른요!"

백설 공주는 깊은 숲속으로 달렸어. 정신없이 달리고 또 달리다 보니 작고 귀여운 오두막 한 채가 보였어. 일곱 명의 난쟁이가 백설 공주를 반겨 주었지.

"안녕? 혹시 내가 여기서 너희와 함께 지내도 될까?"

"그럼요, 공주님!"

백설 공주는 그렇게 일곱 난쟁이와 지내게 되었어. 숲속의 사슴, 새, 토끼와 함께 노래를 부르고, 일곱 난쟁이와 재미있게 놀며 즐거운 날을 보냈지.

그 시각, 백설 공주가 죽은 줄로만 아는 새 왕비가 마법 거울에게 다시 물었어.

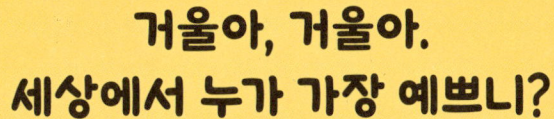
거울아, 거울아.
세상에서 누가 가장 예쁘니?

"당연히 백설 공주지요. 자꾸 묻지 마세요. 한동안은 안 바뀔 것 같아요."

"뭐라고? 백설 공주가 아직도 살아 있다는 거야?"

화가 난 새 왕비는 백설 공주가 있는 곳을 찾아냈어. 그리고 사과를 파는 노인으로 변장해 오두막으로 향했지. 일곱 난쟁이가 일을 나갈 때까지 기다렸다가 백설 공주에게 다가갔어.

"어여쁜 공주님, 사과 하나 맛보세요. 아주 달고 맛있는 사과예요. 맛보는 건 공짜랍니다."

노인으로 변장한 새 왕비가 백설 공주에게 독이 든 사과를 건넸어. 독 사과라는 걸 알 리 없는 백설 공주는 침을 꼴깍 삼켰어. 그때 일곱 난쟁이의 말이 떠올랐어.

'우리가 없을 때 왕비가 사람을 시켜 찾아올지도 몰라요. 낯선 사람을 조심해야 해요!'

백설 공주는 이내 고개를 저었어. 이 늙고 힘없는 노인이 왕비의 명을 받아 자신을 해치러 온 사람 같진 않았거든.

"그럼 하나만 먹어 볼게요."

백설 공주가 사과를 한 입 베어 물었어. 그러자 눈앞이 흐려지더니 털썩 쓰러지고 말았어. 왕비는 백설 공주가 쓰러진 걸 확인하고는 웃으며 궁궐로 돌아갔어.
　　오두막으로 돌아온 일곱 난쟁이는 쓰러진 백설 공주를 보고 슬픔에 빠졌어. 그리고 백설 공주를 투명한 유리관에 눕혔지.
　　며칠 후, 근처를 지나가던 이웃 나라 왕자가 유리관에 잠들어 있는

백설 공주를 보고 다가왔어.

"이 아름다운 분은 누구지?"

왕자는 조심스레 백설 공주를 일으켰어. 일곱 난쟁이는 왕자에게 화를 냈어.

"지금 뭐 하는 거예요!"

그런데 이게 무슨 일이야? 갑자기 공주가 기침을 하며 깨어났어. 목에 걸려 있던 독 사과가 입에서 툭 튀어나온 거야!

"콜록, 콜록……. 목이 왜 이렇게 아프지. 그런데 이 멋진 분은 누구야?"

백설 공주가 깨어나 묻자, 일곱 난쟁이가 소리치며 기뻐했어.

"공주님을 잠에서 깨워 준 왕자님이잖아요!"

왕자와 백설 공주는 서로를 마주 보며 미소 지었어.

못된 새 왕비는 어떻게 되었냐고? 왕과 백성들에게 백설 공주를 죽이려 했다는 사실을 들켜 큰 벌을 받았대.

명작 동화가 품은 과학 ❶

"왕비의 마법 거울이 정말 있을까?"
...
"아니, 거울은 실제로 있는 것만 비춰!"

실제 거울은 앞에 있는 것만 비춰.

거울에게 아무리 물어봐도 대답은 똑같아.

거울의 원리

거울은 빛의 반사를 이용하여 물체의 모습을 비추는 물건이야.
빛은 앞으로 뻗어 나가는 성질을 갖고 있어.
거울이 빛을 막으면 빛이 반사되면서, 거울과 빛 사이에 있는
사람이나 물건 등이 거울에 비치지.

거울이 매끄러운 이유

반사면이 매끄러운 거울은 일정한 방향으로 빛을 반사해.
그래서 우리 모습이 비칠 수 있는 거야.
반면 반사면이 울퉁불퉁한 거울은 여러 방향으로
빛을 반사해. 그래서 우리가 또렷하게 비치지 않지.

좌우가 바뀌어 보여!

거울에 비친 물체의 색깔은 실제와 같아.
물체의 위아래도 그대로지. 하지만 좌우는 바뀌어 보여.
그래서 거울 앞에 서서 왼손을 들면,
거울 속의 나는 오른손을 들고 있는 것처럼 보여.

거울아, 거울아 누가 가장 예쁘니?

쟤, 완전 왕비 병 아니야?

거울에 따라 다르게 보인다고?

우리가 보는 거울은 반사면이 평평하고 매끄러운 평면거울이야.
평면거울은 우리를 있는 그대로 비추지.
하지만 오목 거울과 볼록 거울은 우리를 다르게 비춰.

거울 속 내 모습이 꼭 진짜는 아니야!

난 평면거울

난 오목 거울

난 볼록 거울

크게 보이는 오목 거울

반사면이 안으로 움푹 들어간 오목 거울은 반사된 빛이 한곳에 모여. 그래서 사물이 크게 보이고, 가까이 있는 것처럼 느껴지지. 치과에서 사용하는 거울, 현미경의 반사경 등이 오목 거울이야.

작게 보이는 볼록 거울

반사면이 밖으로 볼록 나온 볼록 거울은 반사된 빛이 넓게 퍼져. 그래서 사물이 작게 보이고, 주변을 넓게 비추지. 도로용 안전 거울, 자동차 측면 거울 등이 볼록 거울이야.

오목 거울은 크게, 볼록 거울은 작게 보여!

빛이 통과하는 렌즈

렌즈는 빛을 모으거나 흩어지도록 하는 투명한 물체야. 볼록 렌즈는 빛이 한곳에 모여 사물을 크게 보이게 하지. 오목 렌즈는 빛이 넓게 퍼져 사물을 작아 보이게 해.

잭과 콩나무

어느 시골 마을에 잭이라는 소년이 엄마와 단둘이 살고 있었어. 잭과 엄마가 가진 건 젖소 한 마리가 전부였어. 두 사람은 젖소의 우유를 팔아 겨우 먹고 살았지.

"젖소도 먹질 못해 젖이 안 나오나 봐. 이걸 어쩌지?"

엄마가 고개를 절레절레 저으며 슬픈 표정을 지었어. 그리고 큰 결심을 한 듯 잭에게 말했어.

"잭, 젖소를 팔고 오렴. 젖소도 먹이를 잘 줄 수 있는 집에서 사는 게 행복할 거야. 젖소를 판 돈으로는 먹을 것을 사고, 남은 돈은 조심히 가져오렴."

잭은 젖소를 끌고 시장으로 향했어. 그런데 시장으로 가는 길에 한 아저씨가 잭에게 말을 거는 거야!

"아주 예쁘게 생긴 젖소구나. 혹시 내 콩과 젖소를 바꾸지 않을래?"
잭은 어이없다는 눈빛으로 아저씨를 바라보았어.

"그거야 콩의 주인이 어떻게 하느냐에 달렸지. 확실한 건, 콩으로 바꾼 걸 후회하지 않을 거야."

잭은 잠시 고민하더니, 젖소를 콩과 바꿨어. 그리고 그길로 집에 뛰어가 엄마에게 콩을 보여 주었어.

"엄마, 젖소를 콩으로 바꿔 왔어요. 이 콩이 우리를 부자로 만들어 줄지도 몰라요!"

엄마는 잭이 내민 콩을 보고 화가 났어. 못된 사기꾼이 잭을 속인 거라고 생각했거든.

"아이에게 그런 거짓말을 하다니! 우린 이제 어쩌면 좋지……. 당분간은 먹을 걸 걱정하지 않아도 될 줄 알았는데."

엄마는 화가 나서 콩을 창밖으로 던져 버렸어.

잭도 화가 났어. 자신을 속인 아저씨도, 아저씨에게 속아 넘어간 자신도 너무 미웠지. 잭과 엄마는 그렇게 온종일 한 끼도 먹지 못하고 배고픔에 지쳐 잠이 들었어.

다음 날 잭은 이른 아침에 눈을 떴어. 엄마도 일어나기 전이었지. 창문을 연 잭은 깜짝 놀랐어. 어제 엄마가 창밖으로 던진 콩이 커다란 나무로 자란 거야! 나무줄기는 구름 너머 높다란 곳까지 뻗어 있었어.

잭은 성큼성큼 나무를 타고 올라갔어. 나무가 어디까지 뻗은 건지 궁금했거든. 얼마나 올랐을까? 드디어 하늘에 가까워졌어!

잭은 구름 사이로 빼꼼 얼굴을 내밀었어. 무시무시한 거인이 낮잠을 자고 있었지. 거인 옆에는 보물이 수북이 쌓여 있었어.

잭은 크게 숨을 한 번 들이마시고 보물들을 가지고 땅으로 내려왔어. 그리고 다음 날에는 황금 알을 낳는 닭을, 다다음 날에는 황금 하프를 챙겼지. 그런데 잭이 방심한 걸까? 황금 하프를 가지고 가던 중 그만 하프에서 소리가 나고 말았어.

응? 이게 무슨 소리야?
누가 내 하프를 훔쳐 갔구나!

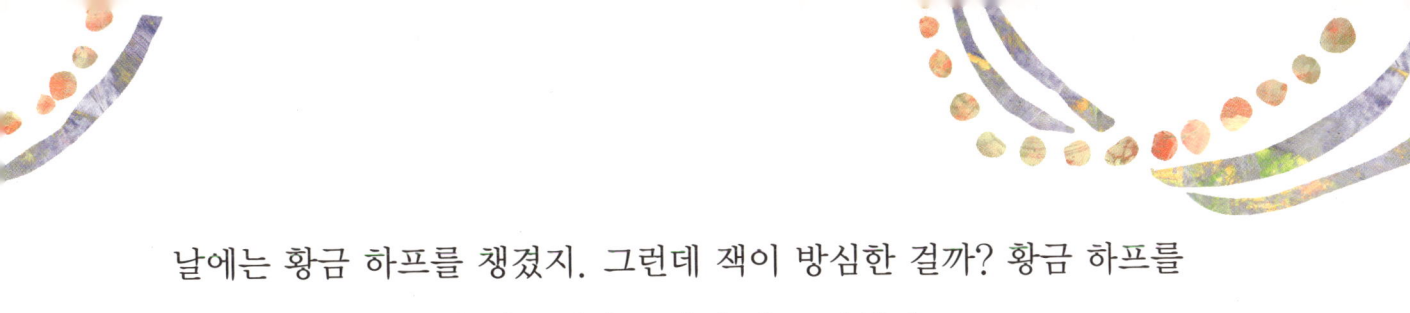

코를 골며 자던 거인은 금세 일어나, 소리가 들리는 곳으로 쫓아왔어. 잭의 심장이 쿵쾅거렸어. 거인이 나무를 타고 내려오기 시작했지.

"이놈! 감히 내 물건을 훔쳐?"

"엄마! 엄마! 살려 주세요!"

잭의 다급한 목소리에 잠에서 깬 엄마가 헐레벌떡 뛰쳐나왔어. 엄마는 커다란 콩나무를 타고 내려오는 잭과 그 뒤를 쫓는 거인을 보고 깜짝 놀랐지.

"엄마, 어서 도끼를 가져오세요. 얼른요!"

엄마는 도끼를 갖고 뛰어왔어. 그 사이 잭은 무사히 땅에 도착했고, 엄마는 서둘러 도끼로 나무를 베어 버렸어. 거인은 저 높은 곳에서 쿵 떨어져 죽었지.

잭과 엄마는 더 이상 먹을 걸 걱정하지 않아도 될 만큼, 젖소 수백 마리를 사도 될 만큼, 풍족하고 행복하게 살았단다.

명작 동화가 품은 과학 ②

"잭이
타고 올라간
콩나무는
어떤 모습일까?"
⋮
"뿌리와 줄기,
잎, 꽃으로
이루어져
있어!"

식물의 구조

식물은 크게 뿌리, 줄기, 잎, 꽃으로 이루어져 있어.
저마다 하는 일이 달라.

잎이 스스로 양분을 만드는 걸 '광합성'이라고 해.

꽃

꽃에서 씨앗이 만들어져. 수술에서 만든
꽃가루가 동물 또는 바람의 도움으로 암술과 만나
씨를 만들지. 이 과정을 '꽃가루받이'라고 해.

잎

잎은 햇빛과 이산화 탄소, 물을 이용해 스스로 양분을 만들어.
또한 뿌리에서 흡수한 물의 일부분을 기체 상태로 만든 뒤
기공*을 통해 밖으로 내보내지.
물을 내보내는 이유는 식물의 온도를 조절하기 위해서야.

*기공은 식물의 잎에 있는 공기 구멍이야.

줄기

줄기는 식물 전체를 지탱하고, 뿌리가 흡수한 물과 양분을
식물 전체에 골고루 보내 줘. 줄기는 우리 몸의 피부 역할도 해.
벌레나 춥고 더운 날씨로부터 식물을 지켜 주거든.

뿌리

뿌리는 땅속에서 물과 양분을 흡수하고 저장해.
줄기가 쓰러지지 않도록 지지해 줘.

콩나무가 자란 땅속에는
길고 튼튼한 뿌리가
넓게 퍼져 있었을 거야!

씨는 어떻게 생겼을까?

잭이 받은 콩은 콩 자체가 씨야.
씨의 구조를 살펴보고,
이밖에 다른 씨도 알아보자.

콩 심은 데 콩 나고,
팥 심은 데 팥 난다!

씨의 생김새

싹이 트기 전 씨는 껍질과 배, 떡잎으로 이루어져 있어.
배젖을 가지고 있는 씨도 있지.
씨에서 싹이 트고, 떡잎과 본잎이 나며 자라.

껍질

껍질은 씨를 보호하고
물과 산소를 빨아들여.

배

배는 씨 안쪽에 있으며,
물을 흡수해 싹을 틔우는 부분이야.
나중에 뿌리나 줄기로 자라.

떡잎

떡잎은 식물이 자라기 시작할 때
맨 처음 나는 잎이야.
배젖이 있는 씨는 떡잎 대신
배젖에 영양분이 있어.

씨에 싹이 트고, 잎이 돋으며 자라!

아주 다양한 씨

식물마다 씨의 모양과 개수가 달라.
망고는 아주 커다란 씨를 하나만 가지고 있고,
딸기는 아주 작은 씨를 여러 개 가지고 있지.
호두는 겉껍질이 아주 단단한 씨를 가지고 있고 말이야.
씨는 광합성 없이도 싹을 틔울 수 있어.
대신 습도와 온도가 알맞아야 해.

우리 주변의 씨

씨는 우리 주변 곳곳에 다양하게 있어.
음식에 들어가는 고소한 참기름도 참깨를 짜서 만든 것이고,
우리가 매일 먹는 밥도 볍씨의 겉껍질을 까서 먹는 거니까.
빵을 만드는 밀, 보리, 콩 등의 곡물도 모두 씨야.
후, 불면 날아가는 하얀 민들레 씨도 있고!

사자를 이긴 모기

잠들었던 사자가 기지개를 켜며 일어났어. 그러자 숲의 모든 동물이 두려움에 떨었지. 사자는 자신의 강한 힘만 믿고, 다른 동물들을 괴롭히기 일쑤였거든.

"아우, 잘 잤다. 오늘은 또 누굴 괴롭힐까?"

동물들은 요리조리 몸을 숨겼어. 다람쥐는 나무 위로 뛰어올랐고, 새는 하늘 높이 날아올랐지. 사자의 기상 소식을 뒤늦게 안 토끼 가족은 허둥지둥 뛰어다녔어.

"사자 깼어! 숨어, 숨어."

"엄마 아빠, 같이 가요!"

그때 모기 한 마리가 나타났어.

"사자가 뭐가 무섭다고 이렇게 호들갑이야? 힘 좀 세다고 잘난 척하는 모습이 꼴 보기 싫기만 한데. 무서워하지 마, 쟤 아무것도 아니야."

토끼가 깜짝 놀라 모기를 쳐다보았어.

"모기야, 그게 무슨 소리야. 사자가 들으면 어쩌려고 그래."

"듣거나 말거나. 멍청한 사자 한 마리쯤이야, 내가 이겨."

모기의 말을 들은 사자가 한쪽 눈을 치켜떴어.

"누구야? 지금 어떤 놈이 내 욕했어?"

토끼 가족이 숨는 사이, 모기가 사자의 콧등에 내려앉았어.

"나 보여?"

"당연히 보이지! 가만 안 둬!"

화가 난 사자는 한쪽 발로 코 주변을 내리쳤어. 그러자 모기는 재빨리 다른 곳으로 날아갔지.

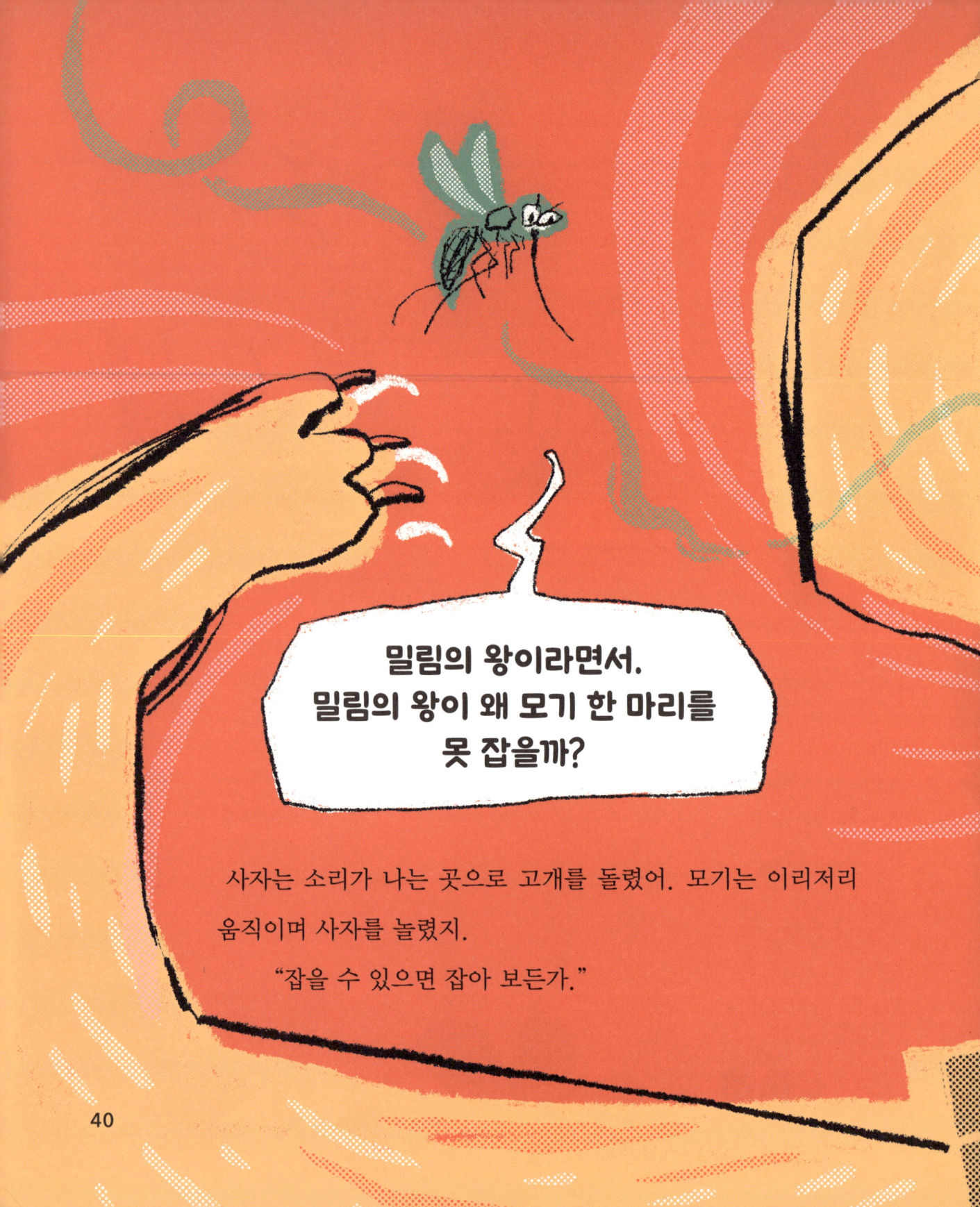

밀림의 왕이라면서.
밀림의 왕이 왜 모기 한 마리를
못 잡을까?

사자는 소리가 나는 곳으로 고개를 돌렸어. 모기는 이리저리 움직이며 사자를 놀렸지.

"잡을 수 있으면 잡아 보든가."

모기에 말에 사자는 화가 났어.
"박수 한 번이면 죽을 놈이 말이 많다!"
"죽긴 누가 죽어."
모기는 사자의 콧잔등을 꽉, 물어 버렸어.
"아앗, 간지러워! 이게 뭐야!"

사자는 콧잔등이 가려워 어찌할 바를 몰랐어.
겅중겅중 뛰고 고래고래 소리를 질러도 간지러움은 그대로였어.
사자는 자기도 모르게 발톱을 세워 콧잔등을 할퀴었어.
"아악, 아파!"
"그러니까 까불지 말라고. 그럼 이제 밀림의 왕은 사자가 아니라 모기인 건가?"

모기가 사자 얼굴 주변을 윙윙 날며 약 올렸어. 사자는 콧잔등을 부여잡고 길길이 날뛰다가 근처 연못에 풍덩 뛰어들었어.

"헤헤, 쌤통이다. 그러니까 잘난 척하지 말라고."

그때 모기의 몸에 끈적끈적한 무언가가 달라붙었어.

"응? 이게 뭐야?"

모기의 몸에 달라붙은 것은 거미줄이었어. 모기는 거미줄에서 빠져나오기 위해 몸부림쳤어.

"떨어져! 제발 떨어져!"
 그런데 이걸 어째? 모기의 몸부림 때문에 잠들어 있던 거미가 깨어난 거야!
 "오늘의 먹이가 잡혔군. 맛있겠다."

뭐? 저리 가! 나는 사자도 이긴 대단한 모기라고!

모기가 목청껏 소리쳤어. 하지만 거미는 피식 웃을 뿐이었지.
"무슨 소리야. 모기가 사자를 어떻게 이겨. 거미가 모기를 이기면 몰라도."
거미는 모기를 봐줄 생각이 없었어. 왜냐고? 모기가 잘난 척하는 사자를 얄미워했던 것처럼, 거미도 잘난 척하는 모기가 얄미웠거든!
그렇게 모기는 꼼짝없이 거미의 먹잇감이 되었단다.

명작 동화가 품은 과학 3

"사자의 콧잔등은 왜 간지러웠을까?"
⋮
"모기의 침에 들어 있는 세균 때문이야!"

간지러워!

피를 빨아 먹는 암컷 모기

모든 모기가 동물의 피를 빨아 먹는 건 아니야.
암컷만 동물의 피를 먹고, 수컷은 과일즙 등을 먹어.
암컷 모기가 피를 빨아 먹는 이유는 알을 낳기 위해서야.
피에는 많은 영양분이 들어 있거든.

> 모기의 침은 피를 빨아 먹기 좋게 발달했어.

> 따끔할걸?

모기에 물리면 간지러운 이유

모기에 물리면 모기의 침 속 세균이 우리 몸에 들어와.
우리 몸의 면역 세포는 외부에서 들어온 세균을 바로 인식해.
세포들은 세균과 맞서 싸우고, 감염된 곳을 치료해.
이 치료 과정에서 모기에 물린 부위가 간지러워져.

> 모기에 물린 곳이 부풀어 오르기도 해!

모기의 한살이

모기는 전 세계에 약 3,500종이 있어.
주로 고여 있는 물에 알을 낳지.
알에서 애벌레, 번데기, 어른벌레가 되기까지
약 13일이 걸리고, 수명은 한두 달이야.

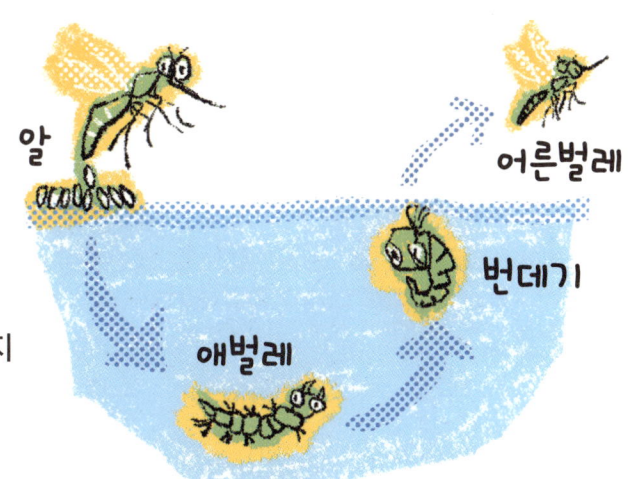

위험한 곤충, 모기

모기는 작고 하찮아 보이지만 위험한 곤충이야.
이리저리 다니며 세균과 바이러스를 옮기거든.

사자 때문에 목숨을 잃는 사람보다, 모기 때문에 목숨을 잃는 사람이 훨씬 많아.

무서운 모기!

모기 물린 부위를 함부로 긁으면 안 돼!

모기 때문에 목숨을 잃는다고?

'말라리아'라고 들어 본 적 있어? 말라리아는 모기를 통해 전파되는 감염병이야. 사람이 죽을 수도 있는 끔찍한 병이지. 모기는 말라리아 말고도 일본 뇌염, 뎅기열 등 끔찍한 질병을 옮겨 매년 전 세계 수십만 명의 목숨을 빼앗아.

모기는 바이러스를 옮기는 유해 곤충이야!

점점 많아지는 모기

최근 들어 모기가 점점 많아지고 있어. 왜냐고? 바로 기후 변화로 모기의 활동 기간이 늘어났기 때문이야. 보통 모기는 따뜻한 계절에 활동해. 하지만 기후 변화로 추운 계절이 따뜻해지면서 모기가 더 오래 활동할 수 있게 되었지. 또 잦은 비로 모기가 번식하기 좋은 조건도 되었고 말이야.

기후 변화 싫어, 싫어!

벌거벗은 임금님

화려한 옷을 좋아하는 사치스러운 임금이 있었어. 계절이 바뀔 때마다 재단사를 불러 새 옷을 만들어 입는 게 취미였지. 백성들이 무얼 입고, 무얼 먹고, 어떻게 사는지는 관심도 없었어.

실력 있는 재단사!

그러던 어느 날 임금이 신하에게 말했어.

"전국의 재단사들을 불러 모아라. 다음 행진에 그 어떤 임금보다 가장 멋진 옷을 입고 싶으니, 가장 실력 있는 재단사를 데려오거라!"

신하들은 전국 각지에 실력 있는 재단사와 고급 옷감을 구한다는 벽보를 붙였어. 그리고 드디어 재단사들이 궁궐에 모인 날, 임금은 턱을 쓰다듬으며 재단사들의 자기 자랑을 들었지.

"임금님, 이미 알고 계시겠지만 저는 전국에서 제일가는 재단사입니다. 이번에도 제게 옷 제작을 맡겨 주시면 멋진 옷을 만들어 드리겠습니다."

"이번에는 제 옷을 입어 보시지요. 번쩍번쩍 광이 나는 고급스러운 비단을 구해 오겠……."

그때 한 재단사가 말을 끊었어.

저는 아주 신비하고 특별한 옷감을 가지고 있습니다.

임금은 귀가 솔깃했어.

"제가 가진 옷감은 지혜롭고 똑똑한 사람 눈에만 보입니다. 멍청하고 어리석은 사람은 절대 볼 수 없지요."

다른 재단사들이 소곤거렸어.

"거짓말 아니야?"

"그런 옷감이 있다고? 말도 안 돼!"

그러나 임금은 재단사의 말을 흥미롭게 들었어. 정말 그런 옷감이 있다면, 자신이 그 특별한 옷을 입은 유일한 임금이 될 테니까!

"좋아! 내가 아주 큰 상을 줄 테니 멋진 옷을 만들어 오거라."

며칠이 지났을까? 임금은 신하에게 재단사가 옷을 얼마나 만들었는지 확인하고 오라 했지.

신하는 재단사를 찾아가 옷을 보여 달라고 했어.

　　재단사는 빙긋 웃으며 자신 있게 무언가를 들어 보였어. 하지만 이게 무슨 일이야? 재단사의 손엔 아무것도 없었어. 신하는 곰곰 생각하다가 말했어.

　　"오, 정말 멋진 옷이군요. 임금님께 옷이 잘 만들어지고 있다고 전하겠습니다."

　　신하는 재단사가 자신을 바보라고 생각할까 봐 거짓말을 했어. 신하는 임금에게 소식을 전했어. 임금은 신하의 말만 믿고 옷이 완성되는 날만 기다렸지.

　드디어 새 옷을 입고 거리를 행진하는 날이 밝았어. 재단사가 옷을 가져왔어.
　임금은 고개를 갸웃했어. 임금의 눈에도 옷이 보이지 않았거든. 하지만 임금도 신하처럼 거짓말을 할 수밖에 없었지. 옷이 안 보인다고 하면 자신을 어리석다고 생각할 테니까!

"아주 고급스럽군. 자, 내가 입어 보지."

임금은 있지도 않은 옷을 입겠다고 벌거벗은 몸을 이리저리 움직였어. 신하들도 바보처럼 허공을 찌르며 옷을 입혀 주었지.

임금은 당당하게 궁궐 밖으로 걸어 나갔어. 백성들은 벌거벗은 임금을 보고 어리둥절했어. 하지만 '어리석은 사람에게는 보이지 않는 옷'이라는 소문이 이미 퍼진 후라 모두 조용히 박수를 칠뿐이었지.

그때 한 아이가 외쳤어.

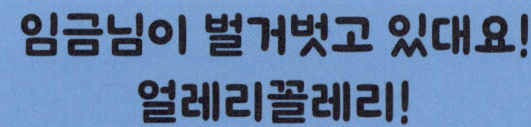

"임금님이 벌거벗고 있대요!
얼레리꼴레리!"

아이의 부모는 깜짝 놀라 아이의 입을 막았어. 하지만 백성들은 이미 웃음이 터진 후였지.

"풋! 사실은 임금님 눈에도 옷이 안 보이는 거 아니야?"

"재단사가 사기 쳤네. 임금님은 바보처럼 속은 거고."

"아하하. 조용히 해. 임금님 들을라."

어떻게 못 듣겠어? 임금은 백성들이 하는 말을 다 들었어.

'처음부터 옷은 없었는데, 내가 재단사에게 깜빡 속았구나. 그래도 행진을 멈출 수는 없지. 임금의 체면이 있는데!'

그렇게 임금은 모르는 척하며, 자신을 비웃는 백성들 사이를 걸어갔단다.

명작 동화가 품은 과학 ❹

"사람은 옷을 꼭 입어야 할까?"

"옷을 안 입으면 체온 조절이 어렵고, 피부가 다칠 수 있어!"

옷을 왜 입어야 할까?

사람의 평균 체온은 약 36.5도야.
체온이 급격히 올라가거나 내려가면 아주 위험하지.
옷은 사람의 체온 조절에 큰 역할을 해.
그리고 피부를 보호하고, 햇빛도 막아 주지.

상황에 맞는 옷을 입어서, 우리 몸을 보호해야 해!

한겨울에는 보온 기능이 있는 옷!

36.5도를 유지하자!

한여름에는 자외선을 차단해 주는 옷!

체온을 조절하는 피부와 근육

우리 몸의 피부와 근육은 체온을 조절해 줘.
한여름에 땀이 마르며 시원해지는 경험을 해 봤을 거야.
그건 바로 피부에서 나온 땀이 공기 중으로 날아가면서
우리 몸의 열을 빼앗아 갔기 때문이지. 한겨울에 몸이 덜덜 떨린 적도 있지?
그건 근육이 낮은 온도로부터 몸을 지키기 위해 움직여 열을 낸 거야.

손톱, 발톱, 털도 피부라고?

피부는 우리 몸 가장 바깥에 있는 세포 조직이야.
피부에 있는 손톱, 발톱, 털, 땀샘 등은
'피부 부속 기관'으로 피부에 속해.

우리도 피부인 줄은 몰랐지?

다양한 피부 부속 기관

피부 부속 기관에는 손톱, 발톱, 털, 땀샘 등이 있어.
손톱과 발톱은 손가락과 발가락을 보호해 줘.
털도 우리 몸을 보호해 주지.
눈을 보호하는 속눈썹, 먼지를 걸러 주는 코털을 떠올려 봐.
땀샘은 땀을 배출하여 체온 조절을 도와.

해와 바람

옛날 옛적, 해는 넓은 마음으로 사람들을 돌보았어. 사람들이 착한 일을 하면 따뜻한 햇빛을 비춰 상을 주고, 어리석은 일을 하면 부드러운 햇빛을 비춰 포근히 감싸 안았지.

바람은 그런 해가 이해되지 않았어. 사람들을 엄하게 대해야 한다고 생각했거든. 바람은 잘못을 저지른 사람들에게는 강한 바람을 불어 호통을 치고 잘못을 저지르지 않은 사람들에게는 겁을 주기 위해 큰바람을 일으켰지.

"언젠가는 사람들이 너를 우습게 볼 거야."
바람이 비꼬듯 해에게 말하자, 해는 고개를 저었어.
"무섭게 구는 게 정말 강한 거라고 생각해? 진짜 강함이 뭔지 아직도 모르는구나?"
"매일 허허 웃기만 하는 너보다는 강하지."

바람은 점점 화가 치솟아 콧김을 불며 말했어.

그때 한 나그네가 길을 걸어갔어.

"그럼 내기하자. 누가 더 강한지. 저 나그네의 외투를 더 빨리 벗기면 이기는 거야."

해가 나그네를 가리키며 말했어.

"진짜 바람 무서운 줄 모르는군. 나는 집도 날려 버릴 수 있는 힘을 갖고 있어."
"그래? 해 보면 알겠지."
바람의 말에 해가 의미심장하게 웃었어.
바람은 온 힘을 다해 바람을 내뱉었어. 매서운 바람이 길가의 나무를 흔들었어. 나그네도 휘청거렸어.

"후후, 바람 맛 좀 봐라! 이러다가 옷이 아니라 나그네가 날아가는 거 아닌가 몰라."

"외투를 벗기는 거지, 사람을 날리는 건 반칙이야."

해가 걱정스럽게 말하자, 바람이 껄껄 웃으며 다시 한번 바람을 뱉었어. 하지만 옷이 벗겨지기는커녕 나그네는 옷깃을 꼭 쥐고 외투를 더 여몄지.

"그게 최선이야?"

해가 웃으며 바람에게 물었어.

"잠깐만. 아직 안 끝났어."

초조해진 바람은 연달아 큰바람을 불었어. 하지만 그럴수록 나그네의 몸은 움츠러들었고, 외투를 더욱 꽁꽁 싸맸지.

"이만하면 됐어. 이제 내가 보여 주지."

해가 가슴을 활짝 폈어. 따뜻한 기운이 나그네에게 온전히 가 닿도록 말이야. 햇빛은 부드럽고 포근했어. 외투를 쥐고 있던 나그네의 손에 스르륵 힘이 빠졌지.

"아휴, 바람이 이제 좀 멎나 보네."

나그네가 하늘에 떠 있는 해를 바라보았어. 해는 나그네를 향해 환하게 웃어 보였어. 나그네는 꽁꽁 싸맸던 외투의 단추를 하나둘 풀었어.

"해가 이리 따뜻할 줄 알았다면 옷을 좀 가볍게 입고 나올걸."

나그네는 이마에 송골송골 맺힌 땀을 손등으로 닦더니, 마침내 외투를 벗었어.
"자, 이제 다시 말해 봐. 진짜 나보다 강한 게 너라고?"

해는 방긋 웃으며 바람에게 말했어.
바람은 별수 없다는 듯 손을 저으며 멀리 날아갔어.
태양은 멀리 사라지는 바람과 천천히 걸어가는 나그네를
한 번씩 보고 이렇게 말했단다.

세상에서 가장 강한 건
부드러운 힘이야!

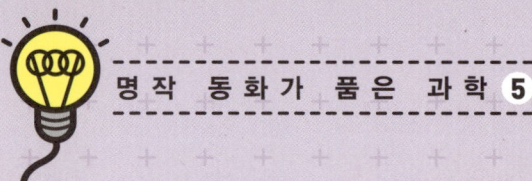
명작 동화가 품은 과학 ⑤

"나그네는 왜 옷을 여몄다가 벗었을까?"

"바람에 체온이 내려갔다가 햇빛에 체온이 올라갔거든!"

바람아 멈추어 다오~!

이젠 또 덥네?

온도란 무엇일까?

온도는 따뜻하거나 차가운 정도를 말해.
공기 중의 온도는 기온, 물의 온도는 수온,
몸의 온도는 체온이라고 하지.

온도를 바꾸는 열의 움직임

열은 온도가 높은 곳에서 낮은 곳으로 움직여.
차갑거나 따뜻한 손으로 미지근한 물을 만져 봐.
미지근한 물의 열이 차가운 손으로 이동해서 차가운 손은 따뜻해져.
반면 따뜻한 손은 손의 열이 미지근한 물로 이동해서 손이 차가워지지.

햇빛 때문에 체온이 올라가자, 더워서 옷을 벗은 거야!

나를 지켜 주는 열을 빼앗겨 버렸어.

바람이 불면 왜 춥게 느껴질까?

바람이 우리 몸에서 나오는 열을 빼앗아 가기 때문이야.
그래서 체온도 낮아지고, 실제 기온보다 더 춥게 느껴지지.

계절에 따라 기온이 달라져

우리나라에는 사계절이 있어. 계절마다 기온이 똑같을까?

계절에 따라 달라지는 기온

해가 높이 있을수록 지표면에 닿는 햇빛 양이 많아져.
그래서 해가 가장 높이 위치한 여름에는 기온이 높고,
해가 가장 아래 위치한 겨울에는 기온이 낮아.
그 중간에 위치한 봄, 가을은 보통 기온이고.
왜 계절마다 해의 높이가 다르냐고?
지구가 기울어진 채로 해 주위를 돌기 때문이야.

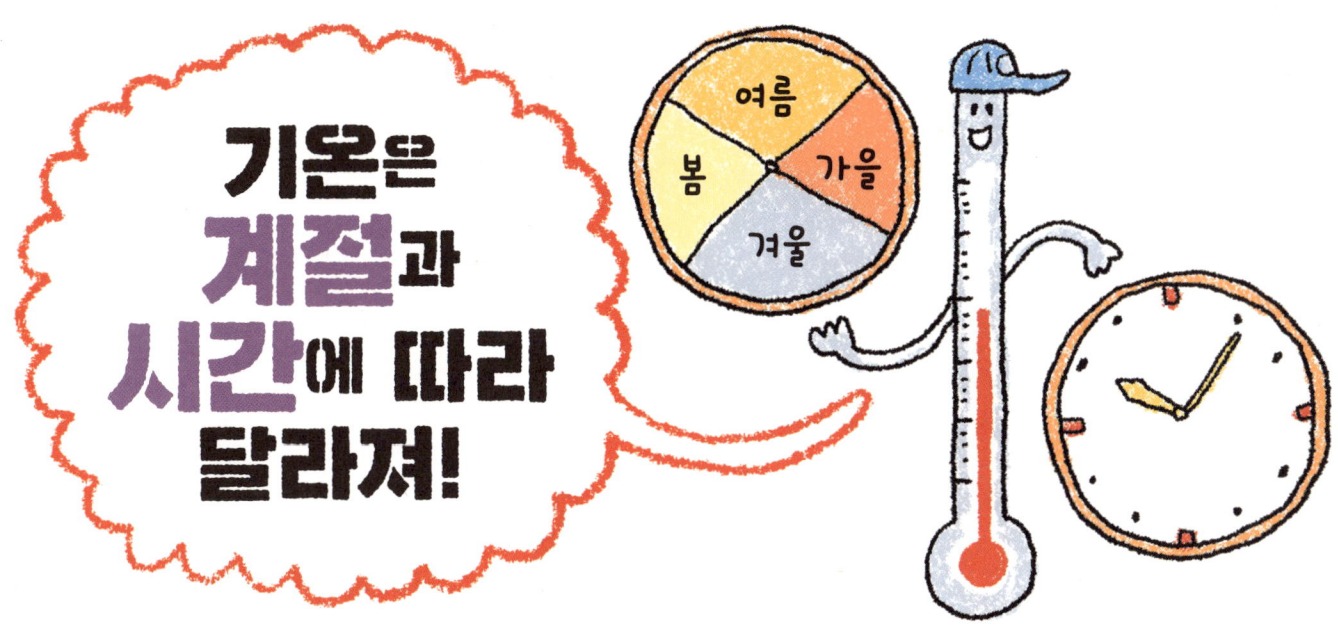

시간에 따라 달라지는 기온

낮과 밤의 기온 차가 크니, 건강 관리에 유의하라는 일기예보 들어 본 적 있지?
이 또한 시간에 따라 해의 높이와 지표면에 닿는 햇빛 양이 다르기 때문이야.
해가 가장 높이 뜬 두세 시 무렵이 기온이 높고,
해가 진 저녁 시간과 해가 뜨기 전 새벽 시간이 기온이 낮아.

우리나라는 봄과 가을에 특히 낮과 밤의 기온 차가 커.

달을 치즈라고 생각한 늑대

둥근 보름달이 뜬 어느 밤, 배고픈 늑대 한 마리가 숲속을 어슬렁거렸어.
"뭐 먹을 것 없나?"
그때 작은 여우 한 마리가 늑대 앞을 지나갔어.

"옳지. 먹을 게 저절로 나타났군!"
당황한 여우가 엉겁결에 늑대에게 인사했어.
"아, 안녕하세요. 늑대 님."
"배고파서 안녕 못 한데?"
오늘이 자신의 제삿날이란 걸 깨달은 여우는 식은땀을 흘렸어. 그리고 늑대를 어떻게 설득하면 좋을지 궁리했지.
하지만 도무지 좋은 방법이 떠오르지 않았어. 무시무시한 늑대가 코앞에서 입맛을 다시고 있는데, 아무 생각도 안 나는 게 당연했지. 그때 여우의 눈에 노랗고 동그란 보름달이 보였어.

"저를 잡아먹고 싶으신 거라면 말리고 싶어요. 저는 맛도 없고, 살도 별로 없거든요."

"맛이 있건 없건, 살이 있건 없건, 내가 굶어 죽는 것보다는 널 먹는 게 낫겠지."

여우는 덜덜 떨며 준비했던 말을 했어.

"저 말고, 맛있는 치즈를 드시는 건 어때요? 아주 크고 먹음직스러운 치즈가 있는 곳을 알거든요."

늑대는 생각했어.
'치즈를 먼저 먹고, 후식으로 여우를 먹어도 되겠네.'
"좋아. 어디 치즈를 맛보러 가 볼까?"
"저만 따라오세요. 후회하지 않으실 거예요."
여우는 앞장섰어.
얼마 안 가 여우와 늑대는 한 마을에 도착했어. 여우는 마을 한쪽에 있는 우물을 가리켰어.

"여기 우물 안을 좀 들여다보세요. 노랗고 커다랗고 동그란 치즈가 있지요?"

늑대는 우물 안을 내려다보았어. 정말 노랗고 커다랗고 동그란 무언가가 있었지.

정말이군. 그런데 저 치즈를 어떻게 꺼내지?

늑대가 눈을 가늘게 뜨고 여우에게 물었어.
"제가 우물 안으로 들어가서 치즈를 가져오고 싶지만, 저는 보다시피 몸집이 작잖아요? 그래서 저런 커다란 치즈를 들고 우물 밖으로 올라올 수 없어요."
여우의 말을 들은 늑대는 속으로 생각했어.
'여우가 우물에 빠져서 못 올라오면 여우도 못 먹고, 치즈도 못 먹잖아. 그럼 안 되지.'
늑대가 고민하는 것을 눈치챈 여우가 얼른 말했어.

"하지만 저와 달리 늑대 님은 치즈를 들고 올라올 수 있을 거예요."
여우가 두레박을 가리키며 말을 덧붙였어.

"자, 이걸 붙잡고 내려가서 치즈를 끌어안으세요. 그럼 제가 위에서 두레박을 잡아당길게요."

"네 녀석 아주 똑똑하구나? 좋아. 그럼 내가 내려갈 테니, 잠시 후에 줄을 잡아당겨!"

늑대는 들뜬 마음에 침을 꼴깍 삼켰어. 그러고는 두레박을 붙잡고 우물 안으로 풍덩 빠졌지.

"자, 이제 치즈 맛 좀 볼까?"

늑대가 두리번거리는데 치즈가 온데간데없는 거 있지? 사실 치즈는 하늘의 보름달이 우물에 비친 모습이었거든.
늑대가 우물 위를 올려다보며 소리쳤어.

**이 못된 여우야! 치즈가 아니라 달이잖아.
얼른 나를 위로 끌어올려!**

"내가 못됐다고? 네가 멍청한 건 아니고?"

여우는 우물을 내려다보며 웃었어.

"너 방금 뭐라고 했어? 내가 올라가기만 하면 넌 죽은 목숨이야, 알아? 가만 안 둬!"

하지만 늑대는 말과 달리 이러지도 저러지도 못한 채, 우물 안에서 허우적거릴 뿐이었어.

"올라오질 못할 텐데 무슨 소리야. 너야말로 이제 그 안에서 꼼짝없이 죽을 목숨인 걸 모르겠니?"

"빨리 올려 줘. 어서!"

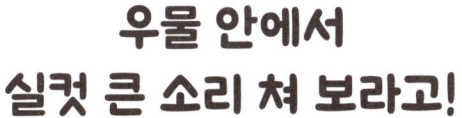

"우물 안에서 실컷 큰 소리 쳐 보라고!"

여우는 호호 웃으며 가벼운 발걸음으로 집에 돌아갔어. 늑대는 우물 안에서 '아오, 아오!' 구슬프게 울었고 말이야.

그날 이후 보름달이 뜨는 날이면, 우물 근처에서는 늑대가 슬피 우는 소리가 울려 퍼졌대.

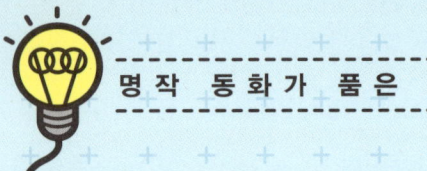

명작 동화가 품은 과학 6

"늑대는 왜 달을 치즈로 착각했을까?"

"달은 햇빛을 받아 노랗게 빛나고, 표면이 울퉁불퉁 하거든!"

아무리 봐도 치즈야. 노랗고 동그랗잖아!

정말 내가 치즈일까?

분화구 있는 치즈 본 적 있어?

달은 어떻게 생겼을까?

달은 원래 회색과 검은색을 띠어.
그런데도 우리 눈에 노르스름하게 보이는 이유는
달이 햇빛을 받아 빛나기 때문이지.
달에는 평평한 지대도 있고, 산처럼 높은 지대도 있어.
다른 운석과 충돌한 흔적 때문에 표면은 울퉁불퉁하지.

지구에서는 달의 뒷면이 안 보여!

지구 주위를 도는 유일한 자연 위성

달은 태양계에서 지구를 중심으로 회전하는 유일한 위성이야.
달은 지구 주위를 약 27일에 한 바퀴씩 공전*하고 동시에 같은 주기로 자전*해.
공전과 자전의 주기가 같아서 우리는 늘 달의 같은 면만 볼 수 있어.

***공전**은 한 천체가 다른 천체의 둘레를 도는 거야.
***자전**은 스스로 한 바퀴 도는 거야.

달의 모양을 알아보자!

밤하늘을 올려다보면 매일 다르게 생긴 달을 볼 수 있어.
달의 모양은 왜 변할까?

매일 변하는 달의 모양

달의 모양이 계속 바뀌는 이유는 달이 지구 주위를 공전하기 때문이야.
달이 공전하며 위치가 달라지면서, 햇빛을 받는 면적이 달라지지.
햇빛을 받는 면적만큼만 우리 눈에 보이는 거고.

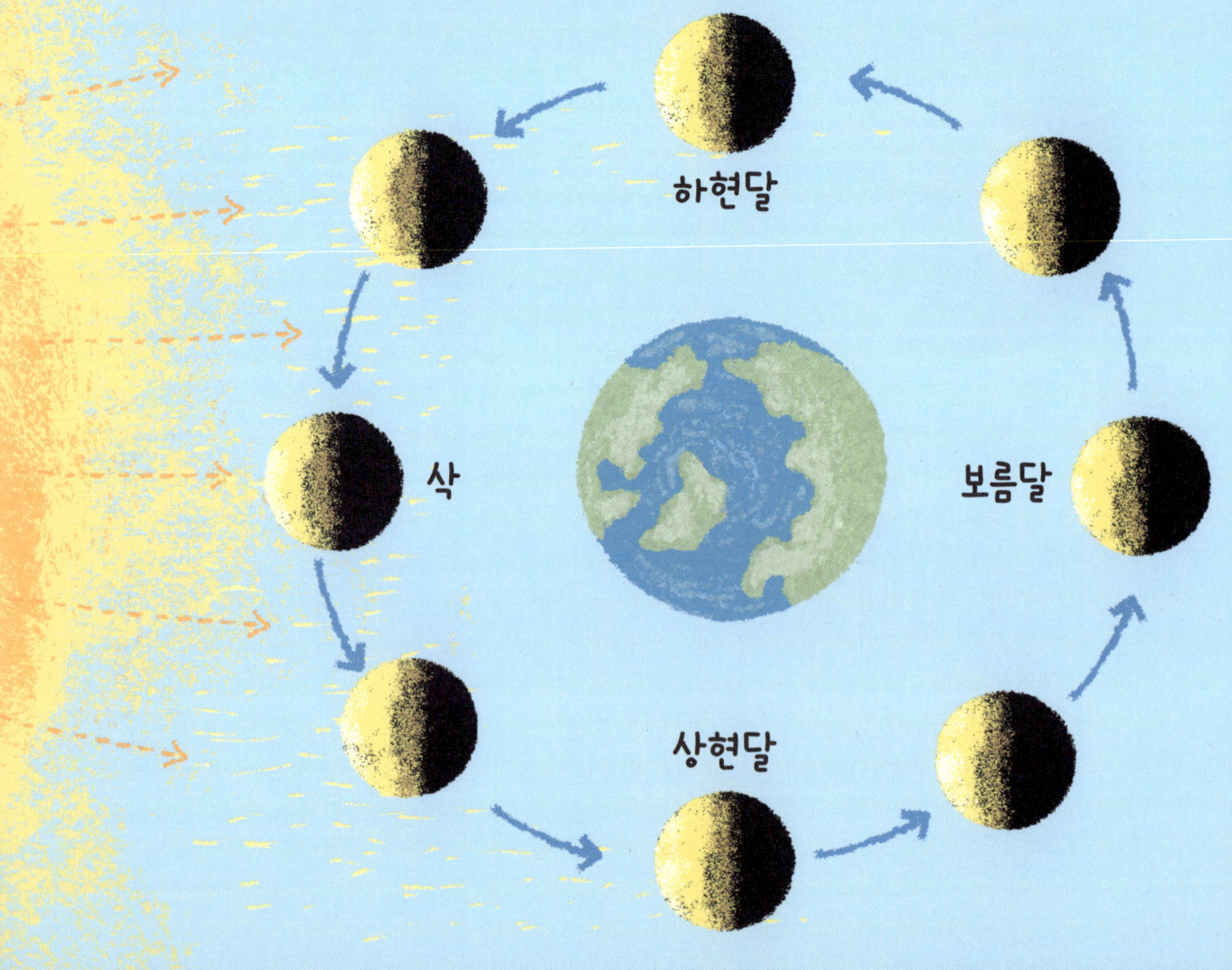

달의 모양은 매일 바뀌어!

보름달: 아주 둥글고 커다란 달로, 음력 15일 무렵에 볼 수 있어.

상현달: 오른쪽으로 둥근 반달이야. 음력 7~8일 무렵에 볼 수 있어.

하현달: 왼쪽으로 둥근 반달이야. 음력 22일 무렵에 볼 수 있어.

초승달: 가느다란 눈썹 모양 달로, 음력 3일 무렵에 볼 수 있어.

그믐달: 초승달과 반대 방향 달로, 음력 27일 무렵에 볼 수 있어.

삭: 음력 1일에 뜨는 달로, 보이지 않아. 이때 달은 햇빛을 등지고 있어.

음력 8월 15일인 추석에 둥근 보름달을 볼 수 있는 이유!

보름달이 아니었으면, 치즈로 착각하지 않았을 텐데······.